CATALOGUE

DES

Armes, Meubles, Tapisseries d'Aubusson
Cuivres, Bibelots et autres Objets anciens

COMPOSANT LA COLLECTION

De Feu M. SENEMAUD

Ancien Greffier du Tribunal de Commerce de Limoges

DONT LA VENTE AUX ENCHÈRES PUBLIQUES AURA LIEU

A LIMOGES (Salle des Ventes, Boulevard Victor-Hugo, 25)

PAR LE MINISTÈRE DE Mᵉ **G. SIMON**, COMMISSAIRE-PRISEUR

Du 1ᵉʳ au 5 Juillet, à 2 heures de l'après-midi très précises

EXPOSITION PUBLIQUE, de 2 à 4 heures du soir, les 29 et 30 Juin

LIMOGES

IMPRIMERIE DU « COURRIER DU CENTRE », RUE TURGOT, 18

1895

CATALOGUE

DES

Armes, Meubles, Tapisseries d'Aubusson
Cuivres, Bibelots et autres Objets anciens

COMPOSANT LA COLLECTION

De Feu M. SENEMAUD

Ancien Greffier du Tribunal de Commerce de Limoges

DONT LA VENTE AUX ENCHÈRES PUBLIQUES AURA LIEU

A LIMOGES (Salle des Ventes, Boulevard Victor-Hugo, 25)

PAR LE MINISTÈRE DE Mᶜ G. SIMON, COMMISSAIRE-PRISEUR

Du 1ᵉʳ au 5 Juillet, à 2 heures de l'après-midi très précises

EXPOSITION PUBLIQUE, de 2 à 4 heures du soir, les 29 et 30 Juin

LIMOGES

IMPRIMERIE DU « COURRIER DU CENTRE », RUE TURGOT, 18

1895

CONDITIONS DE LA VENTE

La Vente sera faite expressément au comptant.

Les Acquéreurs paieront **CINQ POUR CENT** en sus du **P**rix d'adjudication.

L'**E**xposition de deux jours mettant le Public à même de se rendre compte de l'état de la nature et de l'authenticité des Objets, il ne sera admis aucune réclamation une fois l'**A**djudication prononcée.

L'ORDRE DES VACATIONS SERA RIGOUREUSEMENT SUIVI

ORDRE DE LA VENTE

1er **Juillet**

ARMES

2 **Juillet**

MEUBLES, SIÈGES & TAPISSERIES

3 **Juillet**

CADRES, CUIVRES, BOIS SCULPTÉS, SOIES

4 et 5 **Juillet**

OBJETS DIVERS, BIBELOTS, ETC.

ARMES

1. — ÉPÉE LOUIS XIV, poignée en cuivre.

2. — ÉPÉE LOUIS XIV, poignée en cuivre.

3. — ÉPÉE LOUIS XIV, poignée en fer forgé et ciselé.

4. — COUTEAU DE CHASSE, poignée en corne noire pointillée d'acier.

5. — ÉPÉE LOUIS XIV, poignée cuivre doré.

6. — ÉPÉE LOUIS XIII, poignée en croix, fer forgé et ciselé.

7. — COUTEAU DE CHASSE LOUIS XIV, poignée chêne et fer.

8. — ÉPÉE LOUIS XIV, poignée cuivre.

9. — ÉPÉE LOUIS XIII, poignée acier incrustée or.

10. — ÉPÉE LOUIS XIII, poignée et coquille fer forgé.

11. — ÉPÉE LOUIS XIV, poignée et garde fer ciselé.

12. — HACHE D'ARME du XVI° siècle, garnitures en acier ciselé.

13. — SABRE du XVIII° siècle, poignée cuivre.

14. — COUTEAU DE CHASSE LOUIS XIII, poignée corne noire et cuivre.

15. — HACHE D'ARME, XVI° siècle, manche bois et cuivre ciselé.

16. — SABRE INDIEN, manche et fourreau bois.

17. — TROIS ÉPÉES COMMUNES.

18. — MERCI du XVI° siècle, poignée remarquable en fer repoussé, croisillons en fleurs de lys, la garde représentant une reine avec couronne royale.

19. — RAPIÈRE EN FER FORGÉ, XVIᵉ siècle. Longueur, 1ᵐ 40.

Les gardes sont ornées de mascarons en fer forgé et ciselé, et couvertes de rinceaux comme les quillons. La poignée est en filigrane tressé; elle se termine par un pommeau couvert de rinceaux, au milieu desquels se détachent des mascarons. La lame large à la base de trois centimètres, est à double tranchant; on y lit le nom de l'artiste, PIETRO HERMANDEZ. Cette épée est d'un grand et beau travail, c'est une arme très remarquable à tous égards.

Extrait du *Catalogue de l'Exposition de Limoges, 1886.*

20. — ARBALÈTE A JALET, XVIᵉ siècle. Longueur totale de l'arme, 0ᵐ 70 ; largeur de l'arc, 0ᵐ 45.

Le bois, employé pour former le crosse, est incrusté de bandes d'ivoire unies alternant avec des bandes plus larges, d'ivoire également, mais celles-ci gravées. Les motifs du côté plat de la crosse, qu'on appuyait contre l'épaule, sont formés de légers rinceaux; sur le côté extérieure est gravé un cerf.

Extrait du *Catalogue de l'Exposition de Limoges, 1886.*

21. — ARQUEBUSE DE REMPART à mèche et à rouet, XVIᵉ siècle. Longueur totale, 1ᵐ 60.

Arme de grande dimension décorée de plaques d'ivoire gravé, avec un aigle et une tète de lion sculptés dans le bois. La crosse presque entière est garnie de plaques en incrustations d'ivoire gravé. Sur le fût de l'arquebuse, se voit une marque composée d'une ancre dont la tige supérieure se termine par le chiffre 4, traversant au bas une M et passant entre deux G.

Extrait du *Catalogue de l'Exposition de Limoges, 1886.*

22. — ARQUEBUSE DE CHASSE à mèche et à rouet, XVIᵉ siècle. Longueur totale, 1ᵐ 40.

Le levis est entièrement recouvert de plaques d'ivoire gravé : on y lit la date 1566. La crosse est incrustée de plaques d'ivoire gravé représentant, d'un côté des rinceaux au milieu desquels voltigent des amours et courent diverses sortes d'animaux et, de l'autre, un véritable petit tableau représentant un personnage, porté sur un char que traînent des griffons, conduits eux-mêmes par des amours. Le canon de cette pièce magnifique est incrusté et damasquiné d'or et d'argent.

Extrait du *Catalogue de l'Exposition de Limoges, 1886.*

23. — PAIRE DE PISTOLETS à silex, XVIe siècle. Longueur, 0^m 36.

Le bois est recouvert en grande partie de fer finement ciselé, les corps d'animaux chimériques se terminent en élégants rinceaux. Sur le canon est gravé le nom de l'artiste, EN TURINO : COMINAZZO ; sur la batterie celui de l'armurier, ANTONIO MONTI B.

Extrait du *Catalogue de l'Exposition de Limoges, 1886.*

24. — PAIRE DE PISTOLETS à rouet, XVIe siècle. Longueur, 0^m 65.

Le bois est orné d'incrustations en fil d'argent. La batterie gravée par endroits finit, en mourant, par une tête de chimère. La crosse se termine par un demi-lobe à côtes. Le canon est finement gravé de charmants motifs, jusqu'au nom de l'armurier, ❀ F ❀ A ❀ VILLENEUVE.

Extrait du *Catalogue de l'Exposition de Limoges, 1886.*

25. — MORION EN FER FORGÉ, XVIe siècle. Hauteur, 0^m 30 ; largeur, 0^m 30.

Des bandes gravées, sur fond pointillé, ornent des deux côtés cette pièce intéressante. Des guerriers et des personnages emblématiques alternent avec des trophées d'armes dans des cartels, jusqu'au cimier en croissant de lune, lequel est également orné de bandes gravées représentant deux sphinx. Des griffes de ces sphinx s'échappent deux Phylactères formant un médaillon soutenu par deux amours ; ceux-ci élèvent de la main un cartel avec une fleur de lys au milieu ; le tout est surmonté d'une couronne de comte. Les bords de ce Morion sont rabattus sur les côtés pour se relever en forme de bateau par devant et par derrière ; ils sont également ciselés. Enfin, de gros clous à tête de cuivre, ouvrage servant à maintenir autrefois la coiffure intérieure, courent tout au tour et ajoutent à l'ornementation.

26. — PAIRE DE GANTELETS EN FER FORGÉ, à bandes gravées, XVI° siècle. Longueur, 0m 37.

Extrait du *Catalogue de l'Exposition de Limoges, 1886.*

27. — ÉPÉE A DEUX MAINS, à quillons droits et à pas-d'âne, XVI° siècle. Longueur totale, 1m 60.

La poignée en fer forgé, du pommeau jusqu'à la garde, mesure 0m38 ; elle est couverte en vieille étoffe ouvragée, terminée par une frange. La lame à double tranchant, sur laquelle on lit l'inscription : *Laus Deo 1536,* mesure à sa base 4 centimètres de large et 3 à sa pointe.

Extrait du *Catalogue de l'Exposition de Limoges, 1886.*

28. — RAPIÈRE A COQUILLE EN CORBEILLE, XVI° siècle. Longueur de la pointe de la lame au pommeau de la poignée, 1m 30.

La coquille repercée à jour, en fer ciselé, était ornée de damasquinures en or, dont on voit de nombreux restes ; elle porte quatre cartels, deux ovales placés en hauteur et deux un peu plus grands en largeur. Les deux petits faisant face aux quillons qui sont droits représentent deux figures allégoriques : la Justice et l'Abondance ; les deux plus grands, deux femmes couchées. Des oiseaux et des animaux chimériques aux corps se terminant en rinceaux et en fleurons, dans le plus pur goût de la Renaissance. Les quillons droits sont terminés par une tète de chimère. La tige de la poignée de l'épée, terminée par un pommeau orné de deux cartels, représentant un homme d'un côté, une femme de l'autre, est en filigrane Presse. La sous-garde, se détachant de la tige qui sert à former les quillons, se termine par une tète de chimère.

Extrait du *Catalogue de l'Exposition de Limoges, 1886.*

29. — RAPIÈRE EN FER REPOUSSÉ, à côtes, XVI° siècle. Longueur, 1m 35.

La coquille en fer forgé, pleine, est garnie de pièces de fer repoussé, la poignée terminée par un pommeau à côtes est en fili-

granes tressés ; la lame porte : Le Loup, marque de fabrique de
Passau.

Extrait du *Catalogue de l'Exposition de Limoges, 1886.*

30. — Arquebuse , dite Pied-de-Biche , à rouet fin du
xv° siècle. Longueur totale, 1ᵐ 30.

Le rouet est en cuivre gravé et repercé à jour par endroits. La
crosse et le levis sont ornés de plaques de cuivre gravé. Le bois
disparaît presque sous des incrustations d'ivoire et de nacre de
différentes couleurs. Le canon, qui extérieurement est à six pans,
est orné lui aussi de trois inscrustations en cuivre gravé. La sous-
garde est en fer forgé à dents. Sur le fût du canon se lisent les
deux lettres I W.

31. — Éperons en fer gravé, xviiᵉ siècle. Longueur, 0ᵐ025.

Le talon est en fer repercé à jour et gravé. La tige supportant la
molette se termine par l'avant-corps d'un dragon ou chimère de la
gueule duquel sort la molette ; ses pointes en étoile mesurent
6 centimètres de diamètre.

Extrait du *Catalogue de l'Exposition de Limoges, 1886.*

32. — Épée Louis XV, xviiiᵉ siècle. Longueur, 0ᵐ 09.

Coquille repercée à jour, en fer ciselé et doré, avec deux cartels
ayant chacun une marguerite. Le pommeau est formé d'un élé-
gant bouton repercé à jour et également orné de deux cartels avec
deux marguerites. Le bas de la lame triangulaire est garni d'or-
nements gravés au milieu desquels on lit l'adresse de l'armurier :
De Réaux, marchand-fournisseur, place des Trois-Marie, au bout
du Pont-Neuf, à Paris.

Extrait du *Catalogue de l'Exposition de Limoges, 1886.*

33. — Épée Louis XVI, avec son fourreau complet,
xviiiᵉ siècle. Longueur totale, 1 mètre.

Le pommeau, la poignée, la garde et la coquille sont ornés de
perles d'acier ; la coquille dentelée est, en outre, repercée à jour.

Extrait du *Catalogue de l'Exposition de Limoges, 1886.*

34. — FUSIL A SILEX, genre hispano-arabe, XVI° siècle. Longueur totale, 1ᵐ 055.

Le bois de cette arme est presque entièrement couvert de fer repoussé et ciselé, formant des rinceaux et des arabesques du plus gracieux effet. Sur le plat de la crosse, des deux côtés, se trouve une croix en cuivre incrusté. La garde et l'avant-garde ont aussi des incrustations de cuivre relevées par quelques perles de corail.

Extrait du *Catalogue de l'Exposition de Limoges, 1886.*

35. — PAIRE DE PISTOLETS ARABES, XVII° siècle. Longueur, 0ᵐ 053.

Les platines à silex sont en fer doré; le canon est damasquiné en or. Le bois du Pistolet est entièrement couvert d'argent niellé, formant des dessins très riches et d'une grande élégance.

36. — PAIRE DE PISTOLETS LOUIS XIV, fer et cuivre ciselés.

37. — PAIRE DE PISTOLETS LOUIS XIV, garniture cuivre.

38. — TROMBLON ESPAGNOL, à crosse pliante, fer et cuivre ciselés.

39. — ARMURE ITALIENNE complète, commencement du XVI° siècle. Hauteur, 1ᵐ 60.

Armures à plastrons bombés, d'un seul morceau, toutes les différentes parties qui la composent : les brassards, le plastron, le casque, les cuissards, les épaulières, les rondelles des aisselles, etc., sont ornées de bandes finement gravées qui relèvent agréablement son élégance sévère, les gantelets sont à doigts séparés et articulés, l'armure porte à la partie supérieure du plastron les armes de Milan dont les armuriers, à cette époque, étaient célèbres. Le parfait état de conservation de cette armure la rend doublement précieuse.

Extrait du *Catalogue de l'Exposition de Limoges, 1886.*

40. — BOUCLIER ROND, en fer repoussé et ciselé, commencement du XVI° siècle.

Au centre, un combat entre deux guerriers aux armes et au costume romain, un troisième guerrier essaie de séparer les deux combattants ; un cheval harnaché, mais sans cavalier, galope plus loin. Le paysage représente une plaine au milieu de laquelle on voit des arbres et les murailles d'une ville ou d'un château, surmontées d'une tour ; les bords du bouclier sont ornés de rinceaux, également repoussés et ciselés, au milieu desquels se trouvent des cartels gravés, représentant tantôt des trophées d'armes et tantôt des mascarons à tête de chimère cornue. Le repoussé, dans cette pièce remarquable, mesure, par endroits, jusqu'à deux millimètres.

Extrait du *Catalogue de l'Exposition de Limoges, 1886.*

41. — ÉPÉE LOUIS XIV, la poignée en ivoire sculpté, terminée en tête de lion et ornée de faisceaux d'armes, la garde est en ivoire sculpté.

42. — ÉPÉE LOUIS XIV, la poignée et la garde en fer ciselé, remarquable par sa disposition.

43. — ÉPÉE A DEUX MAINS LOUIS XIII. la garde en fer forgé et ciselé, les croisillons terminés en fleurs de lys, la poignée garnie en vieux velours.

44. — ÉPÉE LOUIS XIV, en fer forgé et ciselé.

45. — ÉPÉE LOUIS XIII, en fer forgé et ciselé, pommeau à jour.

46. — ÉPÉE LOUIS XIV, poignée et garde en cuivre.

47. — ARBALÈTE très bien conservée, le bois disparaît presque sous les incrustations d'ivoire et divers bois représentant des paysages et des scènes de chasse. La crosse porte un cimier surmonté d'une couronne ducale.

48. — LANCE, fer forgé.

49. — HALEBARDE très bien ouvragée et ciselée, le bois est parsemé de clous en cuivre.

50. — CASQUE, en fer forgé, XVᵉ siècle, admirable de conservation.

51. — POIRE A POUDRE, en cuivre ciselé à jour, représentant Mars soutenu par deux nymphes.

52. — PLAQUE, fer repoussé, représentant un guerrier casqué.

53. — LAVE-MAINS, cuivre repoussé, orné de dragons et bandes de feuillage avec écusson armorié.

54. — PAIRE D'ÉTRIERS, en fer forgé à grilles.

55. — PAIRE D'ÉTRIERS, en cuivre armorié.

56. — PAIRE DE BRASSARDS, en fer gravé, représentant des chimères.

MEUBLES

57. — ARMOIRE à une porte. Hauteur, 2ᵐ 15 ; largeur, 1ᵐ. Dans la porte sont enchâssés six panonceaux sculptés, représentant la Passion.

58. —BUREAU-BIBLIOTHÈQUE. Hauteur, 2ᵐ25 ; largeur, 1ᵐ 19.

Cette pièce, très bien conservée, est remarquable par les incrustations de divers bois qui la couvrent entièrement.

59. — BUREAU LOUIS XVI, bois de rose, formant bibliothèque à cylindre avec médaillon bois marqueté.

60. — TABLE LOUIS XIII, à pieds en fuseaux.

61. — TABLE LOUIS XIII, à pieds en fuseaux.

62. — BAHUT (DESSUS DE) LOUIS XIII, à deux portes.

63. — BAHUT LOUIS XIII, à deux portes.

64. — GRAND COFFRE GOTHIQUE.

65. — CHAISE CURIALE, panneaux sculptés.

66. — CONSOLE LOUIS XIV, bois peint.

67. — CONSOLE LOUIS XVI, acajou avec galeries cuivre.

68. — CONSOLE PREMIER EMPIRE, acajou et marbre blanc.

69. — DEVANT DE COFFRE GOTHIQUE, bien conservé, fine sculpture aux armes de France.

70. — SEIZE BAGUETTES de 2ᵐ 50 l'une, bois doré et sculpté ; UN DESSUS DE GLACE LOUIS XIV, bois doré.

71. — Une Glace Louis XIV, bois doré.

72. — Cabinet en écaille et cuivre. Hauteur, 0ᵐ68; largeur, 0ᵐ63; profondeur, 0ᵐ38.

Dôme en tombeau, à pans coupés, deux colonnes avec chapiteaux déforment les angles, de chaque côté des tiroirs encadrent une porte qui ferme des tiroirs plus petits. Pièce très belle et très bien conservée.

73. — Deux Fauteuils et deux Chaises Louis XIV, beaux bois.

74. — Deux Chaises Louis XV, beaux bois.

75. — Un Fauteuil Louis XIII.

76. — Un Fauteuil Louis XIII.

77. — Un Fauteuil Louis XIII.

78. — Un Fauteuil Louis XIII.

79. — Un Fauteuil Louis XIII.

80. — Un Fauteuil Louis XIII.

81. — Un Fauteuil Louis XIII.

82. — Un Fauteuil Louis XIII.

83. — Un Fauteuil Louis XIV.

84. — Un Fauteuil Louis XIV.

85. — Un Fauteuil Louis XIV.

86. — Un Fauteuil Louis XVI.

87. — Un Fauteuil Louis XIII.

88. — Un Fauteuil Louis XIV.

89. — Boîte ivoire, octogone, avec peintures formant guirlandes.

Environ **250** *numéros comprenant : petits Émaux, Gardes d'Épées, Montres, Ivoires, Cadres vieux bois, Tableaux, Bois sculptés, Pentes de Lits, vieille Soie, etc.*

30 TAPISSERIES D'AUBUSSON

VERDURES, GRANDS ET PETITS PERSONNAGES

45 Tapisseries pour Sièges Aubusson et petit point

LIMOGES, IMPRIMERIE DU « COURRIER DU CENTRE », RUE TURGOT, 18